I0749835

Reposo entre agujas

LABIOS EN LLAMAS

Colección de poesía

Poetry Collection

LIPS ON FIRE

Daniel Araya Tortós

REPOSO ENTRE AGUJAS

Nueva York Poetry Press LLC
128 Madison Avenue, Oficina 2RN
New York, NY 10016, USA
Teléfono: +1(929)354-7778
nuevayork.poetrypress@gmail.com
www.nuevayorkpoetrypress.com

Reposo entre agujas

ISBN-13: 978-1-950474-20-2
ISBN-10: 1-950474-20-8

© Colección Labios en llamas vol. 3
Homenaje a Lydia Dávila.

© Concepto de colección y edición:
Marisa Russo

© Cuidado de edición:
Byron Ramírez Agüero

© Diseño de colección y cubierta:
William Velásquez Vásquez

© Diseño de interiores:
Luis Rodríguez Romero

© Fotografía de portada y autor:
Luis Rodríguez Romero & Ileana Romero Sibaja

Araya Tortós, Daniel
Reposo entre agujas/ Daniel Araya Tortós; 1ra edi-- New York: Nueva York Poetry Press, 2019. 110 pp. 5.25" x 8".

1. Poesía costarricense. 2. Poesía centroamericana. 3. Literatura latinoamericana.

A mi familia, amistades
y a quienes han sido parte de esto:
este desnudo, estas cicatrices.

Cicatrices, eso somos.
Al final de estas líneas,
abriremos una herida.

I

Exudación

Un cierto día de invierno, un grupo de erizos se agruparon muy cerca para compartir calor mutuo y evitar congelarse. No obstante, pronto sintieron el efecto de sus espinas los unos en los otros, lo que les hizo alejarse nuevamente.

ARTHUR SCHOPENHAUER

Reporte de emergencia

I

La tomó la noche con apenas
más valor que el de la mera existencia.
No dudaba andar con cuantas llaves
pudiera introducir entre sus dedos,
el gas pimienta en el bolsillo
y el pánico en cualquier otro sitio,
nunca a su lado, nunca una opción.

Cuatro títulos cuidan la pared de su
habitación, pero nunca han bastado para
callar las bocas que apuntan al largo de su falda,
frenar esas manos que fingen contactos imprevistos
o explicarle a su padre que no le mostrará
nunca un hombre como pareja.
Entre la academia y las calles,
las publicaciones y la lucha.
Sabe de esta esquina incluso los centímetros que
no mide. Conoce que esta hora es de peligro
y hasta su manejo del judo puede ser insuficiente.

La última gota de lluvia vespertina
aún se aferraba al techo de los infortunios,
desde el que se lanzó el suicida en marzo,
el del aterrizaje del fugitivo
antes de su arresto en octubre
y que a inicios de julio verá una desgracia más.

II

Conoce el peligro como sus propias dudas.
Esas marcas de golpes y las penetraciones
que guarda de su adolescencia;
tiempo sin madre, apellidos ni esperanza,
apenas la consciencia de que lo malo puede
ser peor y una mirada grata
son su recuerdo de la guerra que es.

Un rifle con silenciador en el bolsillo derecho,
dos puñales, uno a cada lado de esos pantalones
negros y otro más oculto bajo la chaqueta.
Su bufanda ha sido causante de treinta asfixias
en un mes, en quince ciudades y tres países.
Va con pleno conocimiento de finalidad,
de rumbo, ruta y dudas. Falta la víctima.
No pronuncian su nombre ni las listas policiales.
Terminará este poema y no sabremos quién es.

III

2:52:32 a.m: Sus reflejos ven una silueta.
2:52:41 a.m: Aquella mano fue lenta para
sacar el gas pimienta y poner resistencia.
2:52:52 a.m: La bufanda suma otra asfixia.
2:53:01 a.m: No basta. El puñal de la chaqueta
hace su debut: justo al centro de la garganta.
2:55:03 a.m: Se reporta asalto entre la 38 bis
y la avenida undécima.
3:02:55 a.m: La gota de lluvia aterriza
y lava la sangre de la escena.

IV

No todos los días son buenos para guardar silencio,
pedirle préstamos a la vida o los reencuentros.
Aquel seis de julio parece ser de esos.
Su mayor arte era el de la retórica.
Nadie la callaba cuando creía en algo.
Le iba mejor con la lengua que las manos.
La voz incipiente de su generación callará,
pero la sutura en su garganta se hizo
nuevo estandarte de batalla.

Ella prometió hacer lo que fuese,
pero jamás contra los suyos. Lealtad ante todo.
Derrumbar las manos que le dieron fuerza,
los hombros que sostuvieron sus lágrimas
y ese cuello que besó mil quince veces;
saber que calló la voz que le dio voz,
que rompió su palabra.
Eso no le haría entregarse
pero sí pensar que somos más que siluetas,
que con nuestra propia arma podemos
quedar huérfanos.
Aún su nombre es desconocido, sigue entre el silencio.

La esquina entre 38 bis y undécima
tiene su historial de delitos, fiascos e infortunios.
Esa noche estrenó el capítulo de la desgracia
y el desenfreno;
el de las almas separadas que
se reencuentran en duelo
y el de los amores mudados en

SOLOS

Amargo como esos minerales amargos
que en las noches de exacta soledad
—maldita y arruinada soledad
sin uno mismo—
trepan a la garganta
y, costras de silencio,
asfixian, matan, resucitan.
JAIME SABINES

Entre un segundo cae una estrella sobre un campo desierto y explota para volverse girasol; diez gotas de sangre son el pago para un día más y mil personas se reconocen solas.

La soledad ha hecho lo que ningún dios en la historia —Salvo la Madre Lluvia, y ni ella en ciertos casos—: caer sobre todos, mojarnos a todos. Todas las horas estamos a solas, unas más que otras. Estamos indefensos ante ella.

De pronto somos de aquellos que corren, rugen y siguen corriendo. Las horas se vuelve ominosas, fieras, depredadoras y se nos hace tarde para huir, para mantener nuestros trajes, nuestras sonrisas.

La soledad es el espejo ante el que todos caminamos desnudos, nos sacamos el dedo corazón, nos golpeamos y nos desconocemos. Con ella participamos en nuestra propia muerte: causa, velatorio y difunto.

Una muerte que no llega pronto y sigue sin llegar. Mientras tanto, hacemos una caminata en medio del cosmos. Oscuridad, oxígeno acabándose. Nos da el tiempo para una estrella y otra, meros refugios a miles de kilómetros de nuestro hogar. Amistades, drogas, olvidos. Tocamos una estrella; pero seguimos flotando. Sigue el aire huyendo, la soledad.

Entre dos horas caminamos desnudos, de las mismas manos con las que iremos a la muerte: la nuestra, la de algún dios que nos azota la memoria y la de la propia soledad. El animal más cobarde ante su propia naturaleza es el propio hombre. Nos hundimos en una hora, en una gota que se hace nuestro mar. Si le tememos a la soledad, nos tememos a nosotros mismos. Si nos tememos, ya estamos muertos.

Reposo entre agujas

Bunbury, Bizet y Verdi.
De un chispazo inadecuado
a una Carmen agotada
y una marcha que dejó de ser triunfal.
Las mismas canciones suenan
y el mismo hombre duerme en el suelo,
cansado de un andar tan homogéneo.

Cada mañana, 6:30
suenan golpes contra su puerta,
los primeros que sufre cada día.
Él intenta no reaccionar,
aferrarse al sueño
como un niño aterrorizado
se aferra a su madre.
¡Quiere oponerse!
¿Quiere oponerse? No importa.
Un cuchillo abre su puerta
y corta la cuerda con la que se ató
a su colchón y a su sueño.
¡Muy tarde, débil criatura,
es hora de la monotonía!

Las horas pasan
con más lentitud de la normal.
Tiene que fingir sonrisas,
saludar cual hipócrita
y callar lo que siente.

¿Es esto vida?

La llegada de la noche
anuncia su hora de salida.
Baño, cena y cama,
en eso se va lo que le queda.

Bunbury, Bizet y Verdi.
De un chispazo inadecuado
a una Carmen agotada
y una marcha que dejó de ser triunfal.
Las mismas canciones suenan
y el mismo hombre duerme en el suelo,
rociando los campos de la incertidumbre
con el jugo de sus ojos.
Llorando vida e inhalando muerte.
Así anda el monstruo en cuerpo de hombre.

La palabra negada

El niño escribía poemas
en el códice de los desamparados
con las cenizas de los muertos
que aún no tiene
mientras ve su propio cuerpo arder.

A nadie le interesaba oírlo.
Rumores y varios documentos
dijeron que solo hablaba en la lengua
del mar de un atardecer de invierno.

Sus facciones bajas y escuálidas no coincidían
con las ideas que podría encerrar en su mirada.
Un zorro degollando una coneja en el bosque
que arde bajo las lágrimas del odio.
El tiroteo de diez pelotones a un niño que toca
un tambor de juguete y sonríe al no saber qué pasa.

Su padre parecía entender un poco entre las líneas
de aquel silencio. Su diagnóstico: le faltaba dios
—¿cuál de todos? Quién sabe—.
El diagnóstico de la Madre Soledad fue más preciso:
A ciertas edades, no hay mayor dios que el abrazo.

Catorce años le bastaron para nacer, crecer y morir.
Un joven que se negó a serlo
quema aquellos poemas que escribió cuando niño.
La nube de humo, con cicatrices en las piernas,

varios exorcismos sobre su frente,
el andar escalofriante, indómito
y las piernas firmes,
se plantó en una autopista.
Su humo lo tragó un coche a 120 km/h.

Tan pocos restos quedaron
que una autopsia carecía de sentido.
No quedó rastro de su existencia que no haya tragado
el fuego, excepto el poema de aquellos tigres que
andan perdidos en las grandes ciudades,
buscando que alguien entienda su lenguaje
y rugiera a su compás.

Fantasma vuelto poeta

A quienes en noches como esta no son
más que fantasmagoría, nada, silencio.

Él lo dijo una vez:
nadie con algo de amor propio
se dignaría a escribir y quedar al desnudo.

Sus huellas se aligeran más de lo normal.
Parece escribir un mal poema entre
la agilidad de sus ligeros pasos.
Si lo hacemos letra, será insípido.

Sabe bien que su sonrisa maltrecha,
la disparidad de su mandíbula,
esa barba malnacida e insalvable y
su cutre mirada deben desaparecer.

Escribe en verso las invitaciones a
esas fiestas a las que no lo llamaron de joven,
los planes que nadie tuvo con él,
las cosas que no debió retrasar para el domingo
y los pasos de su conversión en ectoplasma y tinta.
Escribe, y en clave de masoquismo. Suficiente amor
propio.

Los sábados por la noche los fantasmas se hacen poetas.
Él lo supo, lo enseñaba y no dudó en practicarlo.

Poemas que ya olvidaron cómo ser:
un espectro hasta para sí mismo;
cadenas en llamas que siguen atando;
dedos que teclean lentamente, sin encabalgar
ni dejar ideas a medias.
Soledad fetichizada.

…Y vio al fantasma y vio que era bueno
y al sexto día, se hizo poeta,
buscando explicación a qué demonios
acaba de haber.

Quizás las letras escritas en llamas
con veneno entre líneas
no sean más que herederas de un sucio
secreto del Edén. Él no teme escribirlas.

Algunos fantasmas escriben en acto de negación;
decirse a sí mismos que existen.
Todos ellos quedan desnudos al final,
sin sabores a manzana o tentaciones entre los labios
pero la duda, siempre la duda.

¿Por qué fantasmas?
¿Por qué sábado?
¿Por qué poetas?

Saco roto

El hombre cae al pozo;
deja en la acerca un saco
de pesadillas, de cuentas
sin pagar y un par de sueños
que la edad le prohibirá cumplir.

Los ciclistas bajan a ayudar,
el chofer de bus llama una ambulancia,
el vendedor de electrodomésticos
—más rápido que los que venden la salvación—
graba el intento de rescate.
Todos sobre el hombre, nadie sobre el saco.

El poeta, al final, escribe un pozo.
Convierte las papas en pesadillas,
crea cuatro ciclistas, un chofer de bus,
un vendedor de electrodomésticos —y salvaciones—
mientras nadie observa ese saco en el suelo.
Escribe esta historia
con la única seguridad de que está cayendo
y nadie verá el maldito saco que le hizo caer.
El deseo de sentir que alguien busca salvarlo
y el que alguien vea qué le tiró al suelo.
Algún día verán, a los ojos, el saco que le hizo caer.

NADIE

En una parada de tren
—una noche sin trenes,
a la espera de nadie—.
Un hijo sin padres
aún se pregunta qué hizo
mal esa tarde del 2007.
Sigue creyéndose culpable
el más inocente de los seres,
como si hubiese parido
ese tren que lo dejó huérfano.

La posición fetal y el llanto son
los sellos que lo marcan entre los transeúntes.
"El Nadie", lo llaman. Ya es figura del panorama.

Sin cédula, sin apellidos, sin apoyo, ni siquiera
patria o sílabas con las cuales ser llamado.
"El Nadie" ha sido el único nombre de su vida.

Nada entre las fatalidades le ha privado
de una zancada de atleta olímpico.
En una parada de tren, una noche sin trenes,
a las 8:44 p.m. Nadie corre.
El humo de un cigarrillo fantasmal fue su
línea de partida.
Cien, doscientos... quinientos metros.
Los prejuiciosos le creyeron caribeño
u africano cuando lo vieron correr.

Nadie es imparable, ni siquiera Nadie.
El destino tomó forma de tren para él.
El tren de un paro cardíaco.

Nadie murió a las 9:04 p.m.
Sin quién lo vele, le llore, le reconozca
o entierre su cuerpo.
Nadie es ahora un fantasma que corre
sobre las alas de los desafortunados.

El códice roto de los héroes

Los héroes también duelen.
Guardan heridas que no mencionan
las primeras planas de los diarios
ni son atadas por la capa.

Algunos amanecen sabiendo
que la única vida que ocupan salvar
es la propia.

Pasada la noche y el desastre,
podrían ser quienes protejan al mundo
de ese día inminente en que la última rosa
se marchite al mismo tiempo que la esperanza;
pero siguen a la espera de la única muerte que
desean ver: la propia.

Cada amanecer es un odiarse desnudos,
odiar las ojeras de la noche anterior,
la sonrisa que en algún momento tendrá que salir
y el hecho de que morir es tan fácil
y temer tanto a hacerlo debería darles vergüenza.

Al héroe nunca le faltan villanos,
y de ellos hablan todos.
Nadie conoce que el mayor de ellos
suele dormir con él cada noche,
comer con él, bañarse con él.

¿Sentirán vergüenza a los que han
sido salvados si descubren el lado
oscuro de su héroe?
¿Confusión, angustia, pena, algo?
Si lo hicieran, si lo descubrieran, quizás
esté bien. Hasta él siente vergüenza de sí mismo.

Hemos idolatrado tanto a los héroes
que olvidamos que también sufren.
Al héroe le robamos su humanidad,
a quien a veces más necesita sentirse humano.

II

Proliferación

Ahora, cuando la necesidad de calor los vuelve a acercar, se repite el problema de las espinas; por lo que se encuentran entre dos males.

ARTHUR SCHOPENHAUER

Puede que viva
hasta extrañar este tiempo
en el que estoy tan infeliz
y recordarlo tiernamente.

FUJIWARA NO KIYOSUKE

SE BUSCA

I

Si buscan a aquel hombre,
dejen de hacerlo
tras ver estas letras.

Sus ojos no hallarán otro rastro
de esa criatura perdida
tras la huida que hizo después del verso
que solo yo pude leer.
No busquen aquello
que siempre quiso estar perdido.

II

Si esperan a aquella amante,
tan buena mujer, amiga y madre.
¡Paren ahora!

La luz de su rostro se difuminó
en el pegamento arrancado
de su máscara y aquellos demonios
que tan bien guardaba
huyeron con el rastro del vodka
y una bala que encontré
bajo el zapato.

Solo dejó esta nota:
"Si lees esto: Que no me hallen.
Siempre quise estar perdida.
Que no me perturben el deseo
ni me arruinen el sueño."
Esa tinta llevaba cinco años sobre el papel
pero su sangre llevaba solo un mes sobre el suelo.

III

0:05.
Hora del escape.
Las ventanas de aquella
habitación en las que ese
muchacho pasó tantas noches en vela
al fin se abrieron.

Se aseguró de vestirse bien,
se puso dos veces el perfume
de su padre y se encargó
de ponerlo en el mismo lugar.
Repite la labor de hace unos años.

Dice la leyenda que regresó por hambre.
Pero solo volvió por más dinero
que el de su herencia,
para asegurarse de no volver a pasar
malas horas y pesadumbres en las entrañas.

Ya les digo.
No lo rastreen entre
la mierda de las aceras
ni los tonos amargos
de las tumbas.
¿No leyeron la nota
que dejó en aquel bloc?

No batallen más.
Ya lleva 30 años bajo

las reglas de su techo.
Toda jaula, hasta la del silencio
tiene un agujero para la huida.

Jamás busquen aquello
que siempre quiso estar perdido.

Dilema: Diálogo con el muchacho que fui

Recuerdo tu cara de la otra vez.
No solo rechazaron esos poemas;
te despreciaron. En aquel bus
quedaste con una tijera sobre los ojos.
Tu corazón palpitó palabras duras;
redentoras. Le diste una boca al silencio.

Te vi caminar por la vía equivocada.
"Lo único que necesito es saber dónde estuve",
decías orgulloso de andar perdido.
Lo que nunca me contaste es si valió la pena.
Estuviste en la carrera equivocada,
besaste los labios que no debías besar,
tu silencio fue justamente lo que debías gritar.

Echo en falta el brillo de tus actos,
la voracidad de tus abrazos.
Algo te dolía y decías que
nos recordaba que seguimos vivos.

Tengo vívido el recuerdo de
esos días en que tenías claro
que reconocerte débil era la
única forma de sobrevivir.
Naufragando intentaste
aprender a nadar.

Pocas veces se siente la sed como
al nadar mientras sentís que no merecés
un solo trago de agua, un respiro,
otra mañana.

Vuelvo a la barca en que fui náufrago,
en que el aire me enseñó a nadar.
No soy esa vieja imagen del espejo
de las lágrimas.
Tengo sed, sé nadar.
Necesito una lágrima que me recuerde
que estoy vivo; caminar sin preocuparme
por el destino.
Necesito un instante con Dilema,
con el chico del autobús
para que su brisa tímida me arranque
de mi tierra del miedo.

Confesión antes de la media noche

Confieso tener miedo cada vez
que debo apagar las luces,
meter mi alma en un sobre de tarjetas
y tirarlo al basurero del baño.
Algo escalofriante hay en el humano
para temerle a su propia presencia.

Cada vez que cierro los ojos
intento rezar para que no salga una
lágrima si sucede el milagro (o la condena)
de abrirlos tras el pestañeo.
Esto de regalarle el silencio a las cigarras
para que hagan con él lo que quisieran
fue un grave error de ese a quien tantos veneran;
pero hacemos algo similar con nuestros sentimientos
y nadie maldice eso como yo maldigo a las cigarras.

En dos años he quemado más cartas, cortado más pieles
y gemido más lágrimas que en los dieciocho anteriores.
Es casi la medianoche en un lugar que no confesaré;
me gustaría estar ebrio y no recordar que pronto
empezarán
a morir mis abuelos, quizás mis padres o algún tío
condenado al infortunio; no recordar que no les he
amado
lo suficiente porque no he tenido hierbas amorosas en
el patio trasero de mi alma para mi propio uso.
Algo escalofriante hay... tic-tac... malditas cigarras.

Me gustaría recordarle a los hombres que está bien
ser un fracasado, echarse al suelo y llorar, solo para
que me dejen en paz por hacer eso todo el tiempo.
A veces empiezo proyectos, poemas, abrazos
con el único deseo de que estos fracasen.
Quemo, corto y gimo lo que falla.
Me quemo, corto y gimo cada día.

Algún día escribiré sobre un carajo que aprendió
a dejarse en paz, a ser su héroe
y a sonreír ante la escena de su propio incendio.
Tendrá sexo sin pagar; pero sin ser idiota en el acto.
Llorará o reirá donde sea y la audiencia
de su silenciosa calle le hará el coro a eso de
hacer lo que le venga en gana a su alma.
No le sonreirá a los recién nacidos,
sino que les leerá los principios y condiciones
por aceptar tras haberse atrevido a nacer.
¡Carajo! Esta no será la noche, supongo.

Han pasado las doce, el viejo psicótico no dejó
trozos de espuma en el cielo.
Los perros empiezan a correr, a ladrar.
Llueve, muy fuerte. El segundo diluvio universal.
Algo escalofriante hay en el humano
que puede generar una lluvia en pleno verano.
Nadie sabe llorar; aprende a hacerlo.
Nadie sabe escribir; aprende a hacerlo.
Dejar caer el orgullo, romper las represas
del gemido, debería ser un derecho humano.

SUTURA

En la gotera de esta pared
baja la sangre de todas
las venas de la Tierra:
las abiertas y las que aún no
han apretado fuerte esta aguja
que es vivir

La gotera es grande y nos
hemos acostumbrado a ella.
Normalizamos que la herida
esté abierta.
Caminamos sobre nuestros
propios gritos.
Ponemos la ducha para bañarnos
con nuestro llanto.

Convulsionamos en nuestra propia angustia
con cada movida del segundero.
Los pequeños que serán grandes;
los mayores que desean un año más,
el de quienes ya duelen la hemorragia de
la existencia misma.

Cuando se hace tarde
y se deja de ser flor
— ese pasar de ramo a
pétalo despreciado—
se descubre, nos descubrimos
abiertos.

Una tela partida
en las palabras guardadas,
los abrazos negados
y los versos ocultos
como la mugre de nuestras uñas,
pesados como la gravedad que nos curva.

Nos vemos heridos y
es muy tarde para llorar,
para pedir auxilio.
Nos bañamos y caminamos
sobre ella, pero la ignoramos siempre.

Esta vez no nos reímos.
La sangre sigue cayendo
en esa pared, echando raíces
y se nos seca el aire vital.
Urge limpiar, suturar.
Las realidades nos hablan a los oídos
pero nunca supimos leer su poema
—ahora menos—.

Purga

Pensar a veces es plantarse en la esquina y encender un cigarrillo con el fuego de la presencia propia (a veces somos suficiente incendio). Callarnos al mismo tiempo que los gatos, pensar que la muerte es meter el dedo en la llaga, que el reloj ha pasado en vano y seguimos heridos y temerosos.

En el plan de dios no estaba ponernos en este plano de la existencia. Nos quería poner al lado de los árboles y de las galaxias que no nos dará tiempo de hallar; pero él no pone ahí sus bocetos fallidos. Nos dejó en el lugar donde un día se clavó una piedra en su pie descalzo. Al final, somos un poco de polvo y sombra que se volvió un dibujo mal hecho. Su grave error fue darnos la consciencia, ya no somos dibujos sino pies con piernas, huesos con huéspedes. Él no quería que sus trazos anduvieran, hicieran el amor, pensaran y dudaran. Su gran castigo no fue el pecado, fue la herida.

Quizás somos heridas con cuerpo, al fin y al cabo.

Sigue el silencio y un grito en la hora donde se espera a la nada me llega como un papel arrugado que lanzaron sobre la cama, no entendí lo que decía en medio del ruido. El silencio aparece en la necesidad y es estúpido buscarlo, es necesario como el violín y el canto, el único estado donde se oye la mente en un registro medianamente comprensible y podemos hacer recuento de los daños. Hay un hueco en el tiempo donde las cigarras, la luz y los humanos nos metemos el dedo en el cuerpo; buscamos las heridas nuevas y sentimos, al fin, el dolor de esa pequeña cortada que nos hicimos y no nos importó antes.

Despreciar una herida vieja puede ser peor que partirnos el brazo.

A veces no basta el dedo, hay que hundir la mano. Purgar con fuerza, dejar que los gatos caminen sobre nuestro techo y que gritemos todos al mismo tiempo; arrancar la pus, los silencios, las lágrimas y el pánico. Embriagarnos mil veces en el dolor viejo y sentir el vacío de un balazo en la nuca mientras el aliento huye y no nos queda más que vapor en cada orificio del cuerpo y un bucle continuo nos posee hasta que la respuesta es un desafío, es la nueva pregunta de cómo pasamos de un boceto a heridos a heridas y si habrá más allá, pues la sanación aún es un estado desconocido.

Purgar es darnos el saludo de paz
mientras nos apuñalamos el miedo
para comulgar el cuerpo nuevo, el alma libre.

QUINCE HECHOS SOBRE EL OLVIDO

I

Somos en vida
los seres menos aptos
para el olvido.

II

Nacer, morir
son carcasas del mismo
acto: partir.

III

Cerrar los labios:
aprender a olvidar
entre el silencio.

IV

Son despedidas
esas lágrimas que
nos evitamos.

V

Nos vemos hijos
de los soles y lunas,
no del olvido.

VI

No se sabe hoy
cuál letra duele más
al despedirnos.

VII

Los meses corren.
Hay palabras malditas
que el cielo calla.

VIII

Si no les tiemblan
las venas, ojos y alma,
la desconocen.

IX

Los vidrios del
Callejón del vivir
rompen sus letras.

X

El saber más
digno para los seres:
ir sin llorar.

XI

Las despedidas
sin generar heridas
serán inválidas.

XII

La Reina duda.
La muerte no responde.
Ni ella está lista.

XIII

Bendito sea
ese ser sin temor
a partir hoy.

XIV

Sin carne, dudas
o ropas, aún no
sabes morir.

XV

En todo olvido
llegaremos a heridas,
heridos, curas.

¿FLOTA EL CORAZÓN?

Conocer las mil formas de llegar
al mismo sitio
(para ello debo recorrerlas).
Construir una nueva con los miedos
de quienes vieron descabellada la idea
de mil rutas para ver flotar el corazón humano.

Mi última estación será uno de esos lugares
solos, yermos, fríos
en que la Muerte llega antes
que el fuego a las candelas.

Buscaré sus mil ríos
y lanzaré ahí mi corazón.
Mil un veces,
hasta que la flotación
deje de ser la obvia respuesta,
hasta que aprenda a rebotar.

Aprenderé a pagar
cada una de mis heridas, de sus causas.
En esa hora sabré nadar,
aunque aún no sé el grito.

En mi última estación, facilitaré la llegada
de la luz a las candelas.
La muerte seguirá siendo lugar común,
pero dejaremos de verlo como oscuro.

El corazón sabe flotar de mil maneras,
rebotar cuando se cansa.
En vida le enseñaré el vuelo.
Pero aún no sabré de la palabra.
Será tarea de mi próxima carne.

CARTA AL NIÑO EMPAPADO QUE LLORA EN SU FOTO DE PREESCOLAR

¿Estás llorando tan pronto?
Se te caerán las orejas cuando te
cuente la mierda que vendrá;
los ojos, cuando las veás venir;
el alma, cuando no hallés forma
para salvar tu barca en el desastre.

¿Se te mojó la gabacha? Pobrecillo.
En un rato te darás cuenta que
solo tu mano mojará tu cuerpo.
Serás poeta, se te ve en esa carita de cobarde;
se te empapará la mente de incontables sabotajes
y no generarás la tensión que causan
las buenas plumas y los intelectuales.
Tus versos pasarán de ser goma en la mente necia
a cantos al fracaso de los que se hartará la gente
—el fracaso siempre está de moda, retrata nuestra
naturaleza destinada al colapso—.

Pedirán tu muerte, te dirán que sin problemas
no tendrías amigos.
No serás buen músico, un piloto, deportista.
Te dedicarás mal a las letras.
Dirán en las calles que sos buen
amigo, pero igual serás segunda opción
cuando les pregunten por tu nombre.

¿Pero por qué llorás, mierdoso?
¿Te sacarán una foto?
En un rato la verás con añoranza:
la belleza que definitivamente los dioses
no quisieron darte,
los tiempos tranquilos que nunca tuviste.
Me burlaré, a lo lejos, de tu nostalgia
y te recordaré que las tijeras son armas
que no pasan de moda para grabar tus fracasos.

Se te ven tan feos los ojos llorones
—los tuyos, los míos, los de toda nuestra raza—
que asco será el sentimiento más sano que tendrás
cuando recordés esta foto.
Sonreí bien, ahorita que podés.
En unos años, la risa se degrada en una fachada
y tendrás que sostenerla para clientes, familia y amigos
—si llegaras a tener algo sobre qué reposar tu fracaso—.

¿Tan pronto, campeón?
Esperá la injusticia social,
la soledad, la inminencia de la muerte
y la intrascendencia que cargamos.
Allá fuera, al otro lado de la foto,
sobrarán razones para llorar.

Mientras tanto, reí,
hacé como si el asunto
no fuera con vos
y moja mil veces esa gabacha.
No llorés si no conocés

que hasta llorar es un arte hoy;
se te caerán los ojos
y hasta los débiles los pisarán.

PÁNICO A TENER ALAS

Desde el inicio de los tiempos
el bípedo dominante
ha tenido miedo a encontrar la luz.
Se conforma con infinitas mentiras hasta su muerte
y, quizás, la vida eterna sea otra de
aquellas cómodas farsas que le ciegan.

No entiende por qué debe ir antes al sur si va al norte.
No llegan a ser las 9:00 a.m. y ya tiene sueño, hambre
y el astro mayor, le encandila la mirada.
El niño a su espalda teme; es su tercer vuelo en lo que
lleva de vida, su padre lo nota.
Le conforta en el despegue: le muestra cómo las
casas, los edificios y los charcos de siempre,
que le dominan la mirada con su altura,
ahora le quedan enanos a los ojos.
Quizás es buen momento para declararnos
reyes de las alturas; la ingeniería aeronáutica
nos ha llevado donde nunca imaginábamos en
cronometrajes impresionantes.

El ser humano ha conocido el cosmos,
las nubes, el relieve de las montañas
y unas pocas causas de su propia muerte.
La escalera es una extensión de nuestras piernas;
el computador, de nuestro cerebro;
el avión, de nuestras alas.
Nuestras extensiones nos mienten,

hay mentiras en esta gaviota de acero.

El padre nos declara comandantes del cielo,
el niño rechaza ese imperio.
Sigue su pánico a las alturas,
prefiere tener sus dedos en abrazo con la tierra.
la mirada, en los ojos que le cuidan;
los labios, en el suelo que nos besa.
Los dos se mienten: al final, no se halla nada
si tememos lo que vemos al espejo
y en esas noches en que no nos ve
ni nuestra propia sombra.

De nada sirve perderle el miedo a tener alas
si temblamos ante nuestro propio beso.

Sobre una próxima caminata en el mar

Una de las escenas más corrientes en las playas
es la del niño que corre hacia la sombra porque
la arena le derrite los pies —el sueño, en ciertos casos—.
Ese calor no es un poema, una metáfora;
ni siquiera da para describirlo en un verso:
en los pies albergamos la imagen que buscan algunos.
Dejar de correr sobre el fuego nos dice
que ya sabemos vivir en llamas.

Dicen las últimas noticias que la espuma
albergada por la resaca no es más que el grito
de quienes se fundieron junto con la muerte
sin un amparo, sin el abrazo que les atara a la vida
—sí, a veces vivir es encontrarse atado—.

Caminar hasta hallar el punto de ahogamiento
dejó de ser considerado una maniobra suicida.
Ahogarse nos fuerza a buscar el aire,
es un recordatorio de que hay, en algún lugar
un motivo para buscar el mar cada ciertas mañanas.

El poema está en los pies, en el cuerpo que se ahoga,
en la espuma que son nuestros muertos, nuestras muertes.
El poema no lo escriben los pies, el ahogamiento
ni la conciencia de que al final seremos menos que la
espuma.
En las huellas dactilares dejamos nuestras palabras
de la forma en que solo nosotros sabremos hacerlo.

Caminar al mar, hacer que arda.
Dejar un poema en la arena
quemando los pies del niño
que tuvo el privilegio de conocer
qué se siente quemarse los pies,
ahogarse, rozar su verso con otros millones
que cantarán junto al grito de nuestras muertes.

No sabemos cuándo nos ahogaremos una última vez.
El mar tampoco es un reloj con la hora
en que nos sumará a la espuma de los desolados.

Antes de morir es una buena idea hundirse en el oleaje;
ahogarnos, regresar y respirar.
Se recomienda leer el poema que dejaron
nuestras huellas, las palabras de quienes olvidamos
y la asfixia como un acto de batalla.

No hay vida más sabrosa en el mar;
solo poetas que no saben lo que han escrito
ni lo que han andado.
En el mar la vida aprende a escribirse sola.

III

Curación: Cantar último en el Teatro de la herida

(...) hasta que hallaron la distancia adecuada en la cual podían tolerarse los unos a los otros.

ARTHUR SCHOPENHAUER

Cantar de la resignación

En ciertas travesías el mejor distractor
es lanzar el arpón hacia la nada,
cazar la nada y presumirla como un trofeo.
La última búsqueda me lo dijo.
Entendí que no soy cazador,
que nadie vendrá a buscarme
y se puede respirar y pensar lo bien que sabe.

Tomo unos cuantos recortes:
aquel cabello negro y con el largo de la mar
en que naufraga el que conoce sus propias huellas;
esos labios rojizos que se sacuden como
un lento baile de viernes por la madrugada
y ese pecho delineado, pero firme,
en que se puede cabalgar con los fierros del beso
y quedar sin saliva, pero con una gran sonrisa en la boca
inerte.

Pasarán los años y sé que una perra ladrará al otro lado de
mi calle
cada noche hasta que muera ahogada en el silencio de los
cachorros
que dejó perdidos; le responderé con esos besos que tuve
miedo de robar
y las palabras que han ahogado entre mis encías.
Será mi mejor amiga; hablaremos en una lengua
intermedia
que entendamos ambos hasta que yo me canse y busque

esa vieja gaveta. Necesito más recortes.

¿Cómo olvidar esas piernas con la curvatura de un
tsunami
que todavía no ha caído sobre el golfo de los
desesperados?
La frente calma y lisa capaz de cuidar los últimos gestos
que pasan sobre ella e imprimirlos cual oro en el alma;
el corazón como una caldera donde nacen
los claveles más ardientes
y aquellas orejas, delicadas, con los lóbulos listos
para la caricia de la pasión del lobo.

Te busco en mi álbum de los ojos rotos, niña.
Aun no hallo tu voz
ni la mirada capaz de condensar las lágrimas
para soltarlas entre el silencio
o de cerrarse ante un poema.
La tarde cae y aún no logro sintetizarte en un recorte

Me desespero, tomo mis dos esferas oculares,
el color grave y exasperante de mi voz
y me voy a imaginar una búsqueda exitosa,
de esas que solo tuve una vez,
aunque el acto de soñar lo impensable
solo dure entre unos cuantos minutos.

En ciertas travesías, lo más valiente
es conocer que rendirse es una opción;

lanzar el arpón a la nada, cazar nadas
y sostenerlas, fuerte, entre el calor
y la furia de un triunfo justo, con la mano

Dejaré de buscar,
nadie vendrá por mí.
SE SIENTE BIEN PODER RESPIRAR.

ÁGUILA NEGRA

El águila negra volará
sobre las blancas cabezas.

Caza otras perspectivas,
el hambre y sed del alma,
el miedo a soñar o sacudir
las alas para buscar el mar
y las heridas que implique el proceso.
Habla tres o cuatro noches al año
con el sol y aprende sobre las
formas infinitas en que ha intentado
hablarnos a lo largo de los tiempos.
Se nutre de cada lenguaje que oye
cuando aprende el vuelo
y los usa para componer su propio grito.

Es la única lágrima que cae
por los muertos que nadie ha llorado;
la sal con que se cocina el primer deseo
y los labios que perforan el alma
cuando besan;
la semilla de esa idea a la que todos temen
pero guarda las respuestas que buscan los seres.

La verán sucia, sobrevolando las noches
y, en pocas ocasiones, buscando
el alimento entre las vibraciones
de un grito de rendición,

capaces de matar la última fibra de una sonrisa.
La verán sucia, negra, porque ha vivido
y no teme al canto de la muerte que ronda su nuca.

Ha conocido el desasosiego,
el ojo privilegiado verá su tristeza a mitad del día;
el músico virtuoso reproduce su canto de soledad
cuando vuela entre multitudes de otras águilas negras.
Conoce el milisegundo exacto en que el colapso
es irreversible y sus alas chocan con la pared de los finales:
en ese instante le verán sonreír,
agradecido por el tiempo en que su cuerpo
siguió lo que pidió su mente.

Las blancas cabezas cantan al ciego unísono
la canción más alegre y tonta que conoce el mundo.
Son las mentes de las respuestas fáciles, de los
sueños blandos y el sentimiento a medio pie.
Tienen las manos cargadas de la sonrisa boba
que solo ven en el muerto que nunca se preocupó
por vivir un solo segundo en un desperdicio de vida.
Creen en la felicidad sin el dolor y que las heridas
son innecesarias, un tiempo perdido.

El águila negra no caza blancas cabezas,
aunque a veces se aparea, ama y vive entre ellas.
Hace llamadas encriptadas a mitad de la noche:
les pide romper la última barrera,
desgarrar las telarañas que les impide mover
sus alas de mosca a sitios donde se le enseña

cómo morir al miedo.
Parecen hablar en distintos idiomas;
hay incomprensiones que son la encriptación que
no se ha podido romper y nos separa siempre.

El águila negra volará;
la blanca cabeza cantará
hasta que sus corazones lo aguanten.
Una agradecerá los segundos que vivió,
volverá con la primera lluvia del año siguiente
y será millones de gotas hasta el infinito;
la otra llorará el tiempo perdido
y se quedará quieta como aperitivo
para las cucarachas y las voces del castigo.

El águila negra, junto a esas nubes que nos tapan la luna,
volará sobre las blancas cabezas.

MANIFIESTO DE LOS CIEN MIL FRACASOS

Two roads diverged in a wood, and I—
I took the one less traveled by,
And that has made all the difference.
ROBERT FROST

Al fin, he llegado a los cien mil fracasos.
Toda una vida dedicada al arte de fallar
va dejando sus réditos.
Algo sé de errar.
He descubierto nuevas formas de hacer cosas mal:
amarrarme los zapatos, guardar secretos y hasta callar.
Nuestros aportes diarios llevan la ciencia del error
a niveles nunca antes vistos.

Quizás mi primer gran error lo hice al nacer.
Nadie me dijo que debía salir llorando a la nueva luz
o que debía tener paciencia hasta que nos llevaran al hospital.
¡Eran las 5:40 de la mañana, carajo!
¡Aún tras casi veintiún años tengo mucho sueño
a esa hora! ¿No me podían dejar hasta las 7:00 de la mañana?
Más tarde o más temprano me habría tocado
arrancar el motor en este trillo de la existencia;
descubrir el éxito o el fallo, sus definiciones y su origen.

Más que enamorarme de lo superficial,
he buscado belleza exótica cuando la mía,
que al menos existe, es promedio.

Recuerdo la vez en que me lamenté que sus ojos de gata,
de esos que te aruñan el alma cuando chocan las miradas.
me observaran con rechazo tras mis palabras.
Ellas aprendieron que también se vale decir "no";
a nosotros nadie nos ha dicho que también hay que aceptar
las negaciones, que no siempre venceremos en el juego.
No nos enseñan a perder —calma, hay gente que no sabe
ganar—.

Aprendí temprano la palabra; pero tarde descubrí
que atar los cordones me evitaba lanzar
aquellos zapatos negros varios metros por el aire
tras una patada de un partido de fútbol.
Los primeros nudos parecían más un tratado
de filosofía escrito en tartamudeos; pero
esos tartamudeos vienen de alguien a quien le dijeron
que nunca podría hablar. Peor, dicen por ahí, es nada.

El primer enfado de la infancia lo llevé cuando mojé las
botas
y me decían que no las mojara.
Era sábado y la única lluvia corría de mis piernas.
Estaban empapadas, sí; pero de sangre cuando me
prohibían el agua
—solo espero que hayan botado la maldita varilla de
construcción
que me clavé ese día—.
Ahora me enoja casi no cumplir los deberes;
faltar a clase, a los amores, a la vida
porque el alma está revolcándose de miedo.
La rabia no debe caer sobre lo que nos enoja

sino sobre lo que duele.
Que el dolor experimente y nos depure;
que el alma duela para que sane.

Dos rutas se separan en el árbol de la herida.
Que se extienda la pena, haga metástasis y nos asfixie
o tomar la llama que arde y hacer un incendio que limpie.
...And sorry I could not travel both/ And be one traveler…
He llegado a los cien mil fracasos y aún no sé ser un perdedor;
pero el tiempo no alcanza para las etiquetas ni para negarnos.
Si nos lanzan un dardo al brazo, hay que arrancarlo y dar al blanco.

Somos actores en el Teatro de la herida.
Será hora de cambiar el juego.

Si de cien mil errores he sacado cinco triunfos,
doy esta gran obra del fracaso por un éxito absoluto.

Regeneración

Donde no haya tierra,
haré polvo lo que me quede.
En gran altura y aire escaso,
mi alma será pulmón;
aire mis pies.

De vivir no quiero salvarme;
si la vida se vuelve puñalada,
con el llanto me arranco el puñal
y el abrazo fiel me suturará la herida.

Lapidaré el silencio con mi canto
y lo invocaré cuando me pese el camino.
Aprendo a hacer agua con mi sonrisa,
raíces con mis manos, semilla el corazón.

Soy el árbol que cae mil veces en la noche
y se levanta con el rocío, deshojado y fuerte.
No le temo a no volver de una caída,
seré decenas de ramas, flores y cigarras.

Seré pez si me llama el mar,
nube donde me diga el cielo;
alas donde encuentre un colibrí herido,
lava cuando el volcán quiera hablar.

Quiero ser abrazo donde duele estar roto.

Antes necesito mi propio beso,
romper la asfixia de mis palabras,
el silencio en mi garganta,
la duda tras el acto.
Donde no haya tierra,
haré polvo lo que me quede.
Lapidaré el silencio con mi canto.

ACERCA DEL AUTOR

Daniel Araya Tortós, nació en Pejibaye, Costa Rica, el 22 de agosto de 1998. Es estudiante de la carrera de Filología Española en la Universidad de Costa Rica.

Ha formado parte de varios talleres literarios y participado en varios recitales de poesía a lo largo del país.

En el año 2019, con el poema "Sobre una última caminata en el mar", apareció publicado en la Antología Y2K de poesía y microcuento, organizada por la Editorial de la Universidad de Costa Rica.

Ha facilitado el *Taller de encantamientos literarios* de Turrialba Literaria y participado como jurado en diversas etapas del Festival Estudiantil de las Artes en Costa Rica.

Actualmente, es parte del equipo editorial de Nueva York Poetry Press.

ÍNDICE

I · Exudación

II · Proliferación

III · Curación:
Cantar último en el Teatro de la herida

Colección
LABIOS EN LLAMAS
Poesía emergente
(Homenaje a Lydia Dávila)

1
Fiesta equivocada
Lucía Carvalho

2
Entropías
Byron Ramírez Agüero

3
Reposo entre agujas
Daniel Araya Tortós

*

Colección
MUNDO DEL REVÉS
Poesía infantil
(Homenaje a María Elena Walsh)

1
Amor completo como un esqueleto
Minor Arias Uva

2
Del libro de cuentos inventados de mamá
Marisa Russo

Colección
LOS PATIOS DEL TIGRE
Nuevas raíces – Nuevos maestros
(Homenaje a Miguel Ángel Bustos)

1

Fragmentos Fantásticos
Miguel Ángel Bustos

2

En este asombro, en este llueve
Antología poética 1983-2016
Hugo Mujica

3

Bostezo de mosca azul
Álvaro Miranda

*

Colección
PARED CONTIGUA
Poesía española
(Homenaje a María Victoria Atencia)

1

La orilla libre / The Free Shore
Pedro Larrea

2

No eres nadie hasta que te disparan /
You are nobody until you get shot
Rafael Soler

Colección

PIEDRA DE LA LOCURA

Antologías personales

(Homenaje a Alejandra Pizarnik)

1
Colección Particular
Juan Carlos Olivas

2
Kafka en la aldea de la hipnosis
Javier Alvarado

3
Memoria incendiada
Homero Carvalho Oliva

4
Ritual de la memoria
Waldo Leyva

5
Poemas del reencuentro
Julieta Dobles

6
El fuego azul de los inviernos
Xavier Oquendo Troncoso

7
Hipótesis del sueño
Miguel Falquez-Certain

8
Una brisa, una vez
Ricardo Yañez

9
Sumario de los ciegos
Francisco Trejo

10
Los caballos del miedo / The Horses of Fear
Enrique Solinas

Colección

MUSEO SALVAJE

Poesía latinoamericana

(Homenaje a Olga Orozco)

1

La imperfección del deseo

Adrián Cadavid

2

La sal de la locura / Le Sel de la folie

Fredy Yezzed

3

El idioma de los parques / The Language of the Parks

Marisa Russo

4

Los días de Ellwood

Manuel Adrián López

5

Los dictados del mar

William Velásquez Vásquez

6

Paisaje nihilista

Susan Campos-Fonseca

7

La doncella sin manos

Magdalena Camargo Lemieszek

8

Disidencia

Katherine Medina Rondón

9

Danza de cuatro brazos

Silvia Siller

10
Carta de las mujeres de este país / Letter from the Women of this Country
Fredy Yezzed

11
El año de la necesidad
Juan Carlos Olivas

12
El país de las palabras rotas / The Land of Broken Words
Juan Esteban Londoño

13
Versos vagabundos
Milton Fernández

14
Cerrar una ciudad
Santiago Grijalva

15
El rumor de las cosas
Linda Morales Caballero

16
La canción que me salva / The Song that Saves Me
Sergio Geese

17
El nombre del alba
Juan Suárez

18
Tarde en Manhattan
Karla Coreas

19
Un cuerpo negro / A Black Body
Lubi Prates

20
Sin lengua y otras imposibilidades dramáticas
Ely Rosa Zamora

21
El diario inédito del filósofo vienés Ludwig Wittgenstein / Le Journal Inédit Du Philosophe Viennois Ludwig Wittgenstein
Fredy Yezzed

22
El rastro de la grulla / The Crane's Trail
Monthia Sancho

23
Un árbol cruza la ciudad / A Tree Crossing The City
Miguel Ángel Zapata

24
Las semillas del Muntú
Ashanti Dinah

25
Paracaidistas de Checoslovaquia
Eduardo Bechara Navratilova

26
Este permanecer en la tierra
Angélica Hoyos Guzmán

27
Tocadiscos
William Velásquez

28
De cómo las aves pronuncian su dalia frente al cardo
Francisco Trejo

Colección
SOBREVIVO
Poesía social
(Homenaje a Claribel Alegría)

1
#@nicaragüita
María Palitachi

***

Colección
CRUZANDO EL AGUA
Poesía traducida al español
(Homenaje a Sylvia Plath)

1
The Moon in the Cusp of My Hand /
La luna en la cúspide de mi mano
Lola Koundakjian

***

Colección
MEMORIA DE LA FIEBRE
Poesía de género
(Homenaje a Carilda Oliver Labra)

Colección

TRÁNSITO DE FUEGO

Poesía centroamericana y mexicana

(Homenaje a Eunice Odio)

1
41 meses en pausa
Rebeca Bolaños Cubillo

2
La infancia es una película de culto
Dennis Ávila

3
Luces
Marianela Tortós Albán

4
La voz que duerme entre las piedras
Luis Esteban Rodríguez Romero

5
Solo
César Angulo Navarro

6
Échele miel
Cristopher Montero Corrales

7
La quinta esquina del cuadrilátero
Paola Valverde

8
El diablo vuelve a casa
Marco Aguilar

9
El diablo vuelve a casa
Randall Roque

10
Intimidades / Intimacies
Odeth Osorio Orduña

... lo que sería peor, hacerse poeta que según dicen, es una enfermedad incurable y pegadiza, dijo la sobrina don Quijote sobre la enfermedad de su tío. Para quienes no lo crean (y para quienes sí) este libro se terminó de imprimir en el mes de agosto de 2019 en los Estados Unidos de América.

www.ingramcontent.com/pod-product-compliance
Lightning Source LLC
LaVergne TN
LVHW051012080826
845145LV00009B/2585